Guide : L'élevage de lapin un business lucratif

GEOFFROY BAUDELAIRE AMPIRI

Guide: l'elevage de lapins un business lucratif

DR Geoffroy B AMPIRI

TABLE DES MATIÈRES

CHAPITRE 1: INTRODUCTION POURQUOI ÉLEVER LES LAPINS CHAPITRE 2: LE LOGEMENT

Le système de litière profonde

Le Clapier de lapin

La nourriture, l'eau et les équipements de nidification Les mangeoirs

les Conteneurs d'abreuvement (abreuvoirs)

Boîte à nids

Râteliers à foin

Recommendations

CHAPITRE 3: LES RACES DE LAPINS

Races populaires de lapins à viande

Choisir une race de lapin à viande

Les différentes races et leurs usages

Acheter un lapin

CHAPITRE 4: L'ALIMENTATION

Les Granulés pour lapins

les formules faits maison

Fourrage hydroponique

Régime a base des fourrage
Les Régimes Alimentaires des lapins

CHAPITRE 5: LA REPRODUCTION

Accouplement

Test de grossesse

Préparation de la litière

Le sevrage

Le Cannibalisme

Reproduction

Remplacement des

Reproducteurs **Chapitre 6: La**

Santé

CHAPITRE 7: LES REGISTRES

Registre de l'inconnu

Registre de Buck

Registre de santé

Carte de la portée

Évaluation de la production

Bilan financier

Revenu

CHAPITRE 8 : L'ABATTAGE

Manipuler et tuer un lapin

Étourdissement

CHAPITRE 9 : RECOMMENDATION

Glossaire des termes clés

Fournitures pour lapins

Bibliographie

CHAPITRE 1: INTRODUCTION POURQUOI GARDER DES LAPINS ?

Mon expérience de l'élevage des lapins a été à la fois une joie et parfois une grande frustration. Les premières années de mon élevage de lapins ont été une courbe d'apprentissage parsemée de pertes douloureuses, mais dernièrement, j'ai maîtrisé la science de l'élevage des lapins. Garder un animal devient un cauchemar lorsque vous le voyez succomber à une maladie et mourir. Cependant, si vous comprenez clairement où vous avez fait des erreurs et que vous prenez des mesures correctives et que vous réussissez, c'est une expérience très enrichissante. Selon mes récents relevés, notre mortalité post-sevrage est de zéro pour cent avec des portées multiples.

Pour moi, il serait difficile de choisir un animal qui corresponde à un lapin à bien des égards. Je vais vous dire pourquoi je pense ainsi. Les lapins sont des animaux calmes et propres et, en raison de leur petite taille, ils sont maniables et faciles à manipuler. Vous serez en paix avec vos voisins et il n'y aura pas de mauvaise odeur de crottin de lapin si vous gardez le crottin au sec, ce que vous apprécierez si vous avez élevé des poulets. La petite taille des lapins les rend faciles à transporter si vous souhaitez les emmener au marché et ils sont faciles à gérer lorsque vous souhaitez leur donner des médicaments en cas d'animaux malades ou les transporter pour les services vétérinaires.

Il est facile de démarrer un élevage de lapins car le cheptel est bon marché et vous pouvez le financer vous même sans avoir besoin de sources de financement externes. De plus, les coûts d'entretien tels que l'alimentation et les soins de santé sont très raisonnables par rapport aux autres animaux de ferme comme les porcs et les bovins. La charge de morbidité des lapins est minime et, une fois que vous savez comment détecter les maladies, elles sont très faciles à gérer.

Par rapport à d'autres animaux de ferme comme les bovins qui se reproduisent au bout de trois ans, les lapins ont un cycle de production précoce et très rapide, une biche donnant à l'éleveur environ 50 petits par an. Les lapins n'occupent qu'un espace très réduit pour le logement et vous pouvez utiliser jusqu'à 99 % des organes d'un lapin comme viande, peau et fourrure. Environ 99 % de la laine des lapins angoras est utilisable, contre 50 % chez les moutons, et elle est 2,5 fois plus chaude que la laine des moutons..

La viande de lapin est sans doute la meilleure viande compte tenu de sa teneur élevée en protéines, de sa faible teneur en matières grasses et de sa faible teneur en sodium, tout cela provenant d'un lapin dont la proportion de viande par rapport aux os est élevée, soit environ 8 %. La graisse du lapin est considérée comme la graisse saine et insaturée. Cela fait de la viande de lapin un délice nutritif, même pour les personnes souffrant de certains problèmes de santé nécessitant une faible teneur en sel et celles qui souhaitent réduire leur consommation de graisse. Le tableau 1 compare différentes viandes d'animaux d'élevage avec le lapin avec des valeurs données pour 100g de viande.

	Protéine(g)	Gras(g)	Sodium(mg)
Viande de lapin	21	8	40

Poulet	19.5	12	70
porc	17	21	70
boeuf	20	12	65

Tableau 1 Source[1]

    Le fumier de lapin est un excellent engrais organique ainsi qu'un ingrédient important du compost. Le fumier ne brûlera pas vos cultures lorsqu'il est appliqué directement sur vos cultures. Vous ne lutterez pas contre les mouches domestiques et le crottin de lapin peut être utilisé pour l'élevage de vers afin de produire des appâts pour poissons ou des moulages de vers. Le fumier de lapin a également un potentiel dans la production de biogaz. J'ai également essayé la production d'asticots pour les poulets en utilisant le fumier de lapin et l'essai a fonctionné avec succès.

Le tableau 2 compare le fumier de différents animaux d'élevage.

	Azote	Phosphore	Potassium
Lapin	2.4	1.4	0.60
Poulet	1.1	0.80	0.50
vache laitière	0.25	0.15	0.25
Mouton	0.70	0.30	0.60
Cheval	0.70	0.30	0.60

Tableau 2 Source[2]

    Le tableau ci-dessus montre à quel point le fumier de lapin est merveilleux pour le sol de votre jardin. L'azote aide au feuillage vert des plantes, le phosphore au développement des racines et le potassium au développement des fruits des plantes. Les lapins et le jardin de votre maison ont une relation spéciale, le jardin fournira de la nourriture aux lapins et les lapins fourniront du fumier ou du compost pour le jardin.

Les lapins fournissent du fumier organique de bonne qualité au jardin

L'élevage de lapins présente des avantages qui vont au-delà de ceux décrits ci-dessus ; c'est un excellent moyen d'enseigner aux enfants des responsabilités telles que la fourniture de leur nourriture. De nombreux propriétaires de lapins de compagnie vous diront que les lapins sont thérapeutiques. un éleveur m'a raconté ceci Il est arrivé quelque chose un jour où je suis rentré chez moi avec un mal de tête et après avoir donné à mes lapins de la nourriture et commencé à les regarder jouer, je 'ai réalisé quelques heures plus tard que le mal de tête avait disparu . Si elle est bien planifiée, une entreprise d'élevage de lapins peut fournir un bon revenu à l'éleveur grâce à la vente de viande, de peaux, de fourrure et de fumier. Lorsque vous vous décidez enfin à élever des lapins pour la viande ou pour une raison quelconque, étudiez toute la documentation pertinente, visitez et parlez à des producteurs de lapins qui ont réussi. Commencez petit et je vous recommande de commencer avec environ 10 lapines et 1 mâle, vous pourrez ensuite élargir vos connaissances et votre expérience.

CHAPITRE 2: LOGEMENT DES LAPINS

Le logement des lapins est un élément essentiel de l'environnement des lapins. Une bonne planification contribuera donc énormément au succès de votre entreprise d'élevage de lapins. Les erreurs et les négligences dans le domaine du logement des lapins sont une recette pour le désastre, les maladies et finalement la mort des lapins seront inévitables et l'élevage deviendra non durable.

Il existe différentes méthodes de logement des lapins, que l'on peut diviser en deux grandes catégories : les systèmes de cages et les systèmes de litière profonde. Quel que soit le système que vous décidez d'utiliser, il y a des éléments de base que vous devez mettre en place pour assurer le confort de vos lapins. Les lapins ont un pelage épais et se débattent donc dans les températures chaudes.

De plus, les lapins ont une capacité limitée à transpirer. Faites de votre mieux pour assurer un environnement bien ventilé et si votre installation ne le permet pas, vous devrez peut-être utiliser des ventilateurs pour refroidir vos lapins. Une installation bien ventilée contribuera non seulement à un environnement frais, mais sera également très utile pour éviter l'accumulation de gaz ammoniacal dans les déchets des lapins, ce qui pourrait entraîner des maladies respiratoires.

Une bonne installation fournira une bonne ombre pour les raisons de contrôle de la température décrites ci-dessus, dans le but de donner à vos lapins une plage de température d'environ 15 degrés c à 26 degrés C . Des températures supérieures à 40 degrés C provoqueront un stress thermique et finalement la mort. En plus de fournir de l'ombre, le toit du parc à lapins doit garantir que les lapins sont également protégés de la pluie.

De nombreuses personnes ont perdues toute leur portée parce que les jeunes lapins étaient trempés dans l'eau de pluie à la suite d'une fuite dans le toit. Les lapins nouveau-nés ont besoin d'un environnement chaud car ils sont sujets à des températures très basses en hiver. Certains éleveurs de lapins arrêtent même de se reproduire pendant les mois d'hiver extrêmement froids. Garantir un espace suffisant pour vos lapins sera utile pour des lapins heureux et en bonne santé. L'espace recommandé par lapin dépendra de l'échelle de production et sera traité en fonction des différents systèmes d'élevage.

Les lapins doivent être protégés non seulement des températures extrêmes ou de la pluie, mais aussi des voleurs, des prédateurs et des évasions du parc à lapins. Assurez une bonne sécurité à votre lapin, cela peut être des serrures, des caméras de sécurité ou tout ce que vous souhaitez faire pour protéger votre investissement. L'utilisation de fils électriques solides pour les cages aide les prédateurs comme les chiens à ne pas attaquer vos cages et vos lapins. Les chats, les rats et les serpents ne doivent pas avoir accès à vos lapins. Les lapins peuvent s'enfouir sous les clôtures et s'échapper, surtout dans les systèmes de litière profonde.

L'accès aux lapins dans l'installation de logement doit être facile et les matériaux utilisés doivent également être faciles à nettoyer. Il arrive que le lapiniculteur doit manipuler les lapins pour différentes raisons, par exemple pour amener une biche à la cage du mâle pour la reproduction. Pour cela, une cage doit avoir une longueur d'environ un mètre pour faciliter la manipulation des lapins et le nettoyage de l'équipement et de la cage.

Le parc à lapins que vous choisissez de construire doit être abordable et facile à entretenir, ce qui vous permettra de réduire vos coûts de démarrage et d'entretien. Cela dit, il est important de choisir des matériaux de bonne qualité qui assureront le confort de vos lapins. Après avoir exposé les exigences générales pour le logement des lapins, nous allons maintenant parler des systèmes spécifiques couramment utilisés pour le logement des lapins.

Le système de litière profonde (Élevage de lapins en colonie)

aussi appeler la méthode de logement au sol où les lapins sont gardés au sol, ce qui permet à beaucoup de lapins et parfois à leurs portées de rester ensemble, souvent dans un endroit clôturé ou un bâtiment muré. Une épaisse couche de paille séchée est fournie comme litière pour les animaux. Il est recommandé de fournir à une biche un espace d'au moins 1m2. Évitez le surpeuplement des lapins et nettoyez-les régulièrement pour éviter le développement de maladies.

Cette méthode d'hébergement des lapins présente quelques inconvénients, étant donné que les animaux ne sont pas séparés, il y a un problème de contrôle de la reproduction puisque les lapins et les lapines sont hébergés ensemble. Parfois, les lapins peuvent se battre, surtout contre les mâles qui se sont déjà reproduits ; les jeunes lapins sont donc vulnérables aux blessures lors de ces combats. Cette méthode de logement limitera votre cheptel et le contrôle des maladies est difficile car les lapins seront en contact avec leur fumier. Les maladies peuvent facilement se propager car les lapins vivent ensemble, un nettoyage régulier est donc obligatoire.

Il est également important de noter que cette forme de logement offre souvent plus d'espace que les cages et permet aux lapins de se déplacer librement et de vivre en famille, souvent en se toilettant les uns les autres. Les combats sont fréquents lorsque vous réunissez vos lapins au départ, mais ils s'amélioreront avec le temps. Fournir des zones où vos lapins peuvent se cacher peut également contribuer à réduire les combats. Les lapins seront pourvus de nichoirs ou pourront creuser et mettre bas leur portée dans le sol.

Un autre avantage important de ce type de logement est la suppression du confinement que l'on observe avec les systèmes de cages, ce qui permet aux lapins de montrer de véritables comportements. Les éleveurs qui utilisent cette méthode de logement des lapins aiment la liberté et le bonheur que leurs lapins montrent. J'ai acheté des lapins à des éleveurs qui utilisent avec succès cette méthode de logement.

Le clapier à lapins

Les clapiers à lapins peuvent être placés à l'intérieur ou à l'extérieur et peuvent avoir plusieurs compartiments à plusieurs niveaux. La conception du clapier à lapins est très importante pour déterminer si votre élevage sera couronné de succès ou non. Comme nous l'avons vu précédemment, le clapier doit assurer le confort et la protection de vos lapins. Il doit également permettre à l'éleveur d'accéder facilement aux lapins de manipulation. Il est essentiel de savoir si les fientes de lapins s'accumulent facilement dans le clapier et s'il est facile de le nettoyer.

Cela doit être pris en compte lors de la conception et de la construction du clapier. Si les fientes de lapin s'accumulent facilement et que vous prenez le temps de les retirer du clapier, vous lutterez fréquemment contre les maladies des lapins. Un exemple est le débat animé sur le choix entre le bois et le métal ainsi que le grillage métallique. Les lapins aiment mâcher et rongeront le bois s'ils y ont accès.

Les mâles aiment aussi pulvériser leur urine, peut-être pour marquer leur territoire. Les excréments se collent facilement au bois et l'urine peut aussi être facilement absorbée par le bois par rapport au métal. D'autre part, le métal sera très froid par temps froid et également chaud par temps chaud. Si les composants métalliques de votre clapier présentent des arêtes vives, les lapins seront facilement blessés. Même sans arêtes vives, les lapins ne peuvent pas marcher sur un sol grillagé. Il faut trouver un équilibre entre le confort et l'objectif d'avoir des lapins en bonne santé.

Une combinaison de grillage métallique sur le sol et d'un morceau de contreplaqué amovible sur le dessus du grillage occupant environ la moitié du plancher du clapier peut être un bon compromis. La conception et le choix ultime de

La conception finale et le choix des matériaux à utiliser pour le clapier à lapin restent du ressort de l'éleveur. L'espace à prévoir pour les lapins est à nouveau laissé au choix de l'éleveur de lapins. Ma recommandation serait de fournir autant d'espace que vous pouvez
vous le permettre. Cela permettra à vos lapins d'être plus libres, de faire de l'exercice et d'être en meilleure santé.

Dimensions recommandées pour les clapiers à lapins

Hauteur : 1 m au-dessus du sol, longueur : 60cm, largeur : 1,2m, hauteur : 60cm. Ces dimensions sont recommandées par la Société pour la protection des animaux . Ces dimensions peuvent être modifiées pour s'adapter aux préférences de l'éleveur. Dans les élevages à grande échelle, les lapins ont souvent moins d'espace dans les cages. Une biche ayant une grande portée avant le sevrage peut également se voir attribuer plus d'espace.

Clapier à lapins
Nourriture, eau et équipement

Tout le matériel utilisé dans un clapier doit être facile à nettoyer et à désinfecter et pouvoir résister au rongement des lapins. Un équipement détachable facilitera cette opération. Les mangeoires, les abreuvoirs et les *râteliers* à foin doivent être placés à environ 5 cm au-dessus du plancher 1 de la cage, de manière à être accessibles aux jeunes lapins et à éviter que le contenu ne soit facilement souillé par l'urine et les fèces des lapins. L'éleveur de lapins doit choisir des matériaux robustes et durables. Le matériel peut être acheté auprès de fabricants ou l'éleveur peut le fabriquer lui-même. Des articles simples comme des bols, des casseroles, des tasses et des plats peuvent être utilisés.

Les mangeoires

Les mangeoires pour lapins doivent être fabriquées de manière à ce que les lapins ne puissent pas gratter la nourriture avec leurs pattes. Cela peut être réalisé en pliant ou en inversant les bords de la mangeoire vers l'intérieur. La mangeoire doit être placée à l'écart de l'abreuvoir, de sorte que si de l'eau se déverse de l'abreuvoir, elle ne souille pas la nourriture. Étant donné que 65 à 80 % du coût du lapin est constitué par la nourriture, toutes les mesures nécessaires doivent être prises pour éviter le gaspillage de nourriture.

Une mangeoire en métal et une mangeoire artisanale

Les abreuvoirs

Les abreuvoirs ne doivent pas être facile a renversés ou

avoir des fuites . Si cela se produit, le clapier sera humide et les déchets seront mouillés, ce qui créera un environnement propice à la propagation des maladies. Les abreuvoirs automatiques ou à tétines peuvent être utilisés avec succès dans un clapier à lapins. Il faut veiller à ce que l'équipement soit propre.

Abreuvoir à tétine
Nichoir

Le nichoir à lapin est une boîte où une biche accouche sa portée et les nourrit. Le nichoir doit pouvoir maintenir une température chaude d'environ 30-35 degrés C. Le fond du nichoir doit permettre à l'urine de la litière de s'écouler librement. Cela peut être réalisé en perçant des trous sur le fond du nichoir.

Je ne recommanderais pas un sol en grillage pour le nichoir, car il sera difficile de maintenir une température chaude, car certains animaux s'enflamment directement sur le sol. Un rebord d'environ 5 cm à l'entrée du nichoir ne permettra pas à la litière de quitter le nichoir prématurément. Les nichoirs en contreplaqué sont assez courants. Un nichoir d'environ 40 cm de long, 30 cm de large et 30 cm de haut a de bonnes dimensions. Si vous élevez des lapins géants comme le géant flamand, il s'ensuit que la taille du nichoir devra être plus grande.

Un nichoir en contreplaqué et un nichoir fait maison
Les Râteliers à foin

Des Râteliers à foin contiennent l'herbe pour les lapins et peuvent être placées à l'intérieur, sur le côté ou sur le dessus d'une cage à lapins. Ils peuvent être fabriqués à partir d'un grillage métallique ou de bois. Il doit y avoir suffisamment de trous pour permettre aux lapins de ramasser l'herbe et de manger.

Râteliers à foin

Recommandations générales

Peu importe la propreté de nos installations pour lapins, nous devons nous préparer à prendre soin des animaux malades lorsque des maladies surviennent. Une partie de cette préparation consiste à disposer d'une zone de quarantaine, d'une zone ou d'une cage où nous hébergeons les animaux malades. Cela permet d'éviter la propagation de maladies et aide l'animal à guérir sans être dérangé par les autres lapins. L'animal malade n'aura pas à entrer en compétition avec les autres animaux pour la nourriture, comme c'est souvent le cas pour les lapins post-sevrage. Les lapins et les Lapines doivent être gardés dans des cages séparées individuelles.

CHAPITRE 3 : RACES DE LAPINS

Une race de lapin est une variété distincte créée par sélection naturelle ou, plus souvent, par sélection pour des caractéristiques spécifiques telles que la taille, la fourrure (longueur, qualité ou couleur), le taux de conversion alimentaire, l'adaptabilité au climat ou le tempérament [3]. Les races de lapins peuvent être classées en différentes catégories, telles que le poids adulte du lapin, le type de corps, le type de fourrure et leurs utilisations.

En ce qui concerne la taille, les lapins peuvent être classés en races lourdes, races moyennes et races légères. Les races lourdes pèsent plus de 5 kg et ont généralement une faible fertilité, mais ont un taux de croissance rapide et sont utiles pour les croisements. Le Géant flamand entre dans cette catégorie. Les races moyennes pèsent entre 3,5 et 4,5 kg, la plupart des lapins à viande entrent dans cette catégorie, les lapins de Nouvelle-Zélande et de Californie étant les préférés.

Les races légères sont petites par rapport aux races précédentes, leur poids étant de 2,5 et 3 kg. Des races telles que le néerlandais entrent dans cette catégorie. Elles se développent rapidement et font d'excellentes mères. Parce qu'ils mangent le

Comme ils mangent moins que les races lourdes, ils peuvent être bons pour les animaux de compagnie et peuvent être utilisés pour les croisements.

Races populaires de lapins à viande

Comme ce livre porte principalement sur l'élevage de lapins pour la viande, nous allons décrire brièvement les races de lapins communes pour la viande.

Dans ma région du monde, en afrique subsaharienne , le lapin Blanc de Nouvelle-Zélande, le Californien, le géant flamand et le Chinchilla Standard sont les lapins communément élevés pour la viande. Je partagerai les caractéristiques importantes de ces races communes.

Le lapin Blanc de Nouvelle-Zélande

Le lapin blanc de Nouvelle-Zélande est la race la plus utilisée pour la production de viande et a également été élevé pour la fourrure et la peaux, les expositions, les laboratoires et comme lapin de compagnie. Ils sont la progéniture albinos de lapins de couleur avec une fourrure blanche, des oreilles dressées et des yeux roses. Leur taille adulte est d'environ 4-5 kg, la femelle produisant environ 50 lapereau par an et environ 8-12 petits par portée. Avec les lapins blancs de Californie, ils sont les races les plus importantes pour la production de viande et sont les meilleures races en ce qui concerne la capacité de maternage et les caractéristiques de la carcasse.

Le lapin blanc de Nouvelle-Zélande

Le lapin Blanc de Californie

Les lapins blancs de Californie ont un corps blanc, des yeux rouges et des points très foncés, presque noirs - nez, oreilles, pattes et queue. Ils pèsent un peu moins que les lapins blancs de Nouvelle-Zélande, avec un poids adulte de 3,6 à 4 kg. La biche donnera à un éleveur environ 48 chatons par an. Elles sont très utilisées avec les lapins blancs de Nouvelle-Zélande pour la production de viande et peuvent également être croisées pour une croissance plus rapide de la progéniture, ce qui leur permet d'atteindre le poids du marché plus tôt que les races pures. La carcasse est très musclée et la peau utilisable est entièrement blanche.

Le lapin blanc de Californie

Géant flamand

Le lapin géant flamand est considéré comme la plus grande race de lapins, le roi des lapins, avec une taille moyenne des adultes de 7 à 10 kg. Il est communément élevé pour sa viande et sa fourrure et est également populaire comme lapin d'exposition. Ils sont doux, calmes et patients lorsqu'ils sont manipulés, ce qui en fait de bons lapins de compagnie et sont considérés par certains comme le lapin universel. Ils produisent environ 40 lapereaux par an et en raison de leur grande taille, ils ont besoin de clapiers plus grands pour leur logement. Sept couleurs sont reconnues pour cette race qui sont le gris clair, le noir, le bleu, le fauve, le sable, le gris acier et le blanc.

Leurs mâles peuvent être utilisés pour des croisements avec le blanc de Nouvelle-Zélande pour la croissance rapide des petits, l'augmentation du rapport viande/os et la taille des portées. Ils consomment environ 500 grammes de nourriture par jour et ne sont pas aussi rentables que les autres lapins à viande.

Le lapin géant flamand

Chinchilla standard

Le chinchilla standard est de couleur bleu-gris avec une légère couleur perlée autour des yeux. La face inférieure de la queue est blanche. Les yeux peuvent être bruns, gris-bleu ou marbrés, et le poids adulte est de 4 à 5 kg. La biche donnera à l'éleveur environ 38 petits par an. Ils sont dociles et peuvent être facilement manipulés, ce qui en fait de grands
animaux de compagnie, compte tenu également de leur petite taille.

Le lapin chinchilla

Après avoir décrit les caractéristiques spécifiques de la race, il est important de noter que la plupart des lapins élevés pour la production commerciale de viande ne ressemblent à une race qu'en apparence sans répondre aux critères de cette race particulière en termes d'origine et de normes. Cela résulte souvent de croisements non planifiés de lapins. L'adaptabilité, les caractéristiques de reproduction et les caractéristiques biologiques des lapins doivent être vérifiées avant de se décider pour une race de lapin spécifique.

Choix d'une race de lapin à viande

Une bonne race de lapins doit être capable de produire une portée de grande taille et avoir la capacité de maintenir la portée jusqu'au sevrage. Les lapins blancs de Nouvelle-Zélande et de

Californie auront environ 6-8 petits par an produisant environ 1-20 petits par portée. Le géant flamand vous donnera moins de chatons par portée, mais il peut être utilisé pour des croisements afin que vous puissiez profiter de la croissance rapide de la portée. Choisissez des lapins qui s'adaptent aux conditions climatiques locales et des lapins qui résistent aux maladies.

Les lapins blancs de Nouvelle-Zélande et les lapins blancs de Californie sont très adaptables. Outre les croisements avec d'autres races géantes, la race de lapin que vous choisissez doit présenter une croissance rapide et être capable d'atteindre le poids du marché en trois mois, ce qui contribuera à la rentabilité de votre entreprise de lapinage.

Les lapins de couleur foncée seront moins chers que les lapins de couleur blanche, car les consommateurs préfèrent les carcasses roses et propres. Les poils foncés de la carcasse seront plus faciles à voir que les poils blancs résiduels. Cela étant dit, toute race de lapin peut être utilisée comme lapin à viande.

Les différentes races et leurs utilisations communes

Le choix d'une race de lapin spécifique dépend de l'objectif pour lequel vous élevez les lapins. Voici les utilisations courantes pour les différentes races.

Fourrure : Chinchilla américain, Géant à carreaux, Rex, Martre d'argent Animal de compagnie : Holland Lop, néerlandais, polonais, Mini Lop, géant flamand Laine : Angora anglais, Angora satin, Angora géant, Angora français

Exposition : California White , Dutch, Flemish Giant, New Zealand white

Laboratoire : néerlandais, polonais, anglais

Spot, himalayen, blanc de Nouvelle-Zélande

Achat d' un lapin

Lorsque vous êtes satisfait de votre race de lapin préférée et que vous décidez d'acheter le lapin, il y a certaines choses que vous devez vérifier avant d'emmener les nouveaux lapins à votre lapinerie. Les lapins doivent être en bonne santé, avec des yeux brillants, un nez sec, des oreilles et des pattes propres et sans aucun écoulement.

La fourrure doit être lisse et propre, les incisives doivent être alignées et les ongles des doigts de pied doivent être courts. Des ongles longs peuvent indiquer que le lapin est vieux et qu'il a dépassé ses années de production.

Sélectionnez des lapins âgés d'environ six mois pour ne pas tarder à les reproduire. Les lapins doivent être âgés d'environ 8 mois. Vérifiez sous la queue pour qu'il n'y ait pas de signes de diarrhée. Il est important de connaître le régime alimentaire des lapins pour que vous puissiez les faire passer lentement de ce régime à celui de votre choix.

CHAPITRE 4 : L'ALIMENTATION DES LAPINS

L'alimentation des lapins est probablement le facteur le plus important pour maintenir les lapins en bonne santé. Comme tous les animaux, les lapins doivent recevoir une alimentation bien équilibrée, un régime qui leur fournira tous les nutriments nécessaires dans les bonnes proportions. L'alimentation des lapins représente environ 65 à 80 % des coûts de production. Une bonne alimentation associée à un bon logement produira des lapins en bonne santé et réduira considérablement votre facture de santé. Cela aura également un grand impact positif sur l'élevage de vos lapins. Un régime alimentaire équilibré aidera les lapins à avoir de fortes défenses naturelles contre le développement de maladies.

Les lapins sont herbivores ; ils se nourrissent principalement d'herbes sauvages. La compréhension de ce comportement naturel des lapins nous aidera à savoir que l'herbe et le foin doivent faire partie de l'alimentation du lapin. Assurez-vous que l'alimentation que vous donnez à vos lapins contient environ 13-14% de fibres brutes, c'est important pour le bon fonctionnement du système digestif. Les lapins ont une efficacité alimentaire d'environ 3,5, ce qui signifie qu'ils ont besoin d'environ 7,0 kg de nourriture pour produire un poids d'environ 2 kg.

Ce taux de conversion alimentaire est impressionnant et peut être en partie attribué à un comportement des lapins appelé caecotrophie où les lapins mangent et recyclent leurs fèces molles afin de pouvoir extraire certains nutriments non absorbés. En général, les lapins reçoivent environ 150 grammes d'aliments sous forme de granulés par jour, mais les lapins en lactation et en croissance ont besoin de plus d'aliments qu'en période de repos de reproduction. La quantité et la qualité de la nourriture sont toutes deux importantes pour la santé de vos lapins. Que vous décidiez de les nourrir avec des granulés commerciaux, des aliments faits maison, des aliments à base de fourrage ou toute combinaison de ces aliments, veillez à ce que vos lapins reçoivent les nutriments nécessaires, à savoir des glucides, des protéines, des minéraux et des vitamines. Le régime alimentaire des lapins doit contenir environ 16 à 18 % de protéines brutes, ce qui est important pour une croissance optimale et le maintien d'une bonne santé. Un aliment de mauvaise qualité ralentira la prise de poids globale et fera baisser le taux de conversion alimentaire.

Les principaux minéraux et oligo-éléments nécessaires à l'alimentation des lapins sont indiqués ci-dessous.

Principaux mineraux	Oligo-éléments
1.Calcium 2.Phosphore	1. Sélénium 2. Fer
3.Magnésium 4.Sodium 5.Potassium 6.Chlore	3.Cuivre 4.Soufre 5.Cobalt 6.Zinc 7.Manganèse 8.Iodine

Les Granulés commerciaux pour lapins

De nombreuses unités de production de lapins commerciales fournissent des aliments granulés commerciaux, avec des nutriments bien équilibrés, c'est-à-dire des hydrates de carbone, des protéines, des vitamines et des minéraux. Les granulés commerciaux sont chers par rapport aux autres méthodes d'alimentation des lapins, mais ils présentent de nombreux avantages, tels que la réduction des pertes d'aliments et l'apport de nutriments et d'une croissance optimale. La purée de pondeuses et la purée de poussins sont de bonnes alternatives dans les endroits où les granulés commerciaux pour lapins ne sont pas disponibles. Lorsque vous achetez un sac de granulés pour lapins, vérifiez le pourcentage de protéines brutes et de fibres brutes. Les niveaux de 16-18% de protéines et d'environ 14% de fibres mentionnés plus haut sont recommandés pour une croissance optimale et un système digestif sain.

Granulés e lapin commerciaux
Les régimes alimentaires faits maison

Les régimes faits maison sont de très bonnes alternatives

aux granulés commerciaux. Le producteur de lapins peut acheter les ingrédients de l'alimentation ou les mélanger à la ferme en s'assurant que les sources de nutriments nécessaires sont incorporées dans l'alimentation. Le tableau 3 présente quelques sources courantes de protéines et de glucides. Du sel commun et d'autres minéraux et vitamines prémélangés doivent être ajoutés pour que l'alimentation soit bien équilibrée.

Il est important de noter qu'il y a généralement plus de gaspillage avec les aliments non granulés. L'aliment préparé à la maison doit être humidifié pour le rendre plus appétissant. Lorsque des céréales comme le maïs sont utilisées, elles doivent être roulées ou moulues, ce qui améliore la digestion. Les aliments préparés avec 1 partie de farine de soja et 3 ou 4 parties de farine de maïs mélangées à du sel commun permettent une excellente croissance et des lapins en bonne santé.

SOURCES DE PROTÉINES	CARBOHYDRATES
Foin de luzerne (12-15%)	Farine de maïs (9-10%)
Farine de soja (44-50%)	Ble
Farine de tournesol (29-55%)	L'avoine blanche
Tourteaux d'arachide (50%)	Orge
Gâteau aux graines de coton (41%)	

Tableau 3 % de protéines entre parenthèses

Fourrage hydroponique

L'utilisation de fourrage hydroponique est un moyen simple de produire de la nourriture très nutritive pour vos lapins. On fait germer des grains sans terre, ce qui donne un aliment ayant une teneur en protéines d'environ 20,2 % [4]. Des céréales telles que le blé, l'orge et l'avoine sont couramment utilisées et les germes sont donnés vers le 7e jour ou plus tôt lorsque la nutrition est élevée.

Des plateaux en métal ou en plastique sont utilisés pour la germination. Les lapins adorent le fourrage et mangent les germes, le grain et le tapis de racines. Il a été démontré que le fourrage nutritif hautement digestible (de 40 % de céréales à 80 % de fourrage) augmente la production de lait des lapines en lactation, la taille des portées et réduit le temps nécessaire aux lapereaux pour atteindre le poids de marché. Outre ces avantages, la germination des céréales est simple, facile et rentable.

Certains experts en alimentation animale affirment que le fourrage hydroponique ne fonctionne pas si l'on considère qu'il contient environ 10 % de matière sèche, mais les agriculteurs qui l'utilisent témoignent que les animaux adorent se nourrire de fourrage. Il est généralement recommandé de fournir du fourrage qui équivaut à environ 3 % du poids corporel d'un animal avec du foin. La moisissure est un gros problème lorsque vous faites germer des céréales pour nourrir vos animaux. Le fourrage vous donnera plus de contrôle sur la nourriture que vous donnez à vos animaux ; cependant, vous devrez prévoir du temps pour la plantation des graines et la récolte du fourrage.

La procédure pour faire germer de l'orge ou du blé est très simple. La première chose est de mesurer la quantité de grains que vous voulez utiliser et de les faire tremper dans l'eau pendant environ 2 heures. Les graines à utiliser doivent être propres et exemptes de saleté et de graines mortes. Égouttez toute l'eau après la période de trempage en vous assurant que les graines sont humides et bien aérées. Vous pouvez planter les graines dans un plateau en métal ou en plastique après 48 heures et les arroser une ou deux fois par jour jusqu'à la récolte. Le trempage de vos graines avec de l'eau de javel domestique peut aider à résoudre les problèmes de moisissure.

Fourrage hydroponique à base d'orge

Alimentation à base de fourrage

Les lapins peuvent être élevés avec succès en utilisant des régimes alimentaires à base de fourrage, étant donné que celui-ci constitue la majorité de leur alimentation dans la nature. La prudence est de mise dans l'alimentation à base de fourrage car la majorité de ces aliments sont déficients en autres nutriments nécessaires et 80 à 90 % des légumes verts sont de l'eau, dont seulement 10 à 20 % de matière sèche. Cette teneur massive en eau peut provoquer des troubles intestinaux si elle est administrée en très grande quantité, entraînant des diarrhées.

Il est important de donner à vos lapins des fourrages spécifiques dont vous savez qu'ils leur apporteront une valeur nutritive. Le fourrage de manioc (24-28 % de protéines) et les feuilles de mûrier (14,4 à 29,8 % de protéines) sont d'excellentes sources de protéines. Les fanes de patate douce (16 à 20 % de teneur en protéines) associées à une source de glucides comme le maïs fourniront une bonne nutrition à vos lapins.

Des herbes florissantes pour réduire la teneur en eau et l'infection par les vers. Les lapins peuvent également se nourrir seuls en utilisant des tracteurs à lapins qui sont des enclos extérieurs mobiles conçus pour le fourrage. Lorsque vous utilisez des tracteurs à lapins, déplacez le tracteur quotidiennement pour que les lapins ne se nourrissent pas de fourrage souillé. Les fourrages permettent de réduire les granulés jusqu'à environ 50 %, ce qui contribue à améliorer la rentabilité.

L'inconvénient des fourrages est que, bien qu'ils contribuent à réduire le coût des granulés commerciaux, ils augmentent légèrement le temps nécessaire aux lapins pour atteindre leur poids de marché, ce qui peut prendre jusqu'à une semaine environ. Les déchets de cuisine tels que les rejets de bananes, les feuilles de pain, de riz ou de chou, les légumes et les déchets de pommes de terre peuvent également être donnés à vos lapins. Quelle que soit la nourriture donnée aux lapins, il est crucial de faire attention à la qualité de l'alimentation.

Ne donnez pas aux lapins des aliments moisis, des déchets et des aliments contaminés par des produits chimiques et des fèces de rat. Évitez les changements soudains dans vos habitudes alimentaires et faites une transition lente, surtout lorsque vous introduisez des fourrages frais dans l'alimentation de vos lapins. Tout changement soudain de régime alimentaire provoquera des diarrhées. Les feuilles de pomme de terre et de tomate ne doivent pas être données aux lapins car elles sont toxiques pour eux. Vous trouverez une liste des fourrages toxiques dans d'autres publications. Le tourteau de coton contient également du gossypol qui est toxique pour les lapins lorsqu'il est donné en forte concentration. Lorsque vous introduisez de nouveaux fourrages dans l'alimentation de vos lapins et que vous n'êtes pas sûr que ces fourrages soient toxiques ou non, donnez-leur de très petites quantités et observez comment ils réagissent à la nourriture.

Modes d'alimentation des lapins

L'éleveur de lapins doit vérifier les habitudes alimentaires des lapins car cela peut donner une indication sur l'apparition de maladies. La consommation d'aliments dépendra du type de nourriture et d'autres facteurs tels que la race de lapin, son âge et son stade de production. Lorsque vos lapins sont en mauvaise santé, ils mangeront moins de nourriture. Une nourriture périmée, des températures très élevées et une quantité d'eau insuffisante réduisent également la consommation d'aliments. Des lumières brillantes tard dans la nuit réduisent également leur consommation. D'autre part, la gestation et l'allaitement augmentent la consommation de nourriture.

Bien que l'eau ne figure pas sur la liste des nutriments nécessaires, elle est essentielle à la croissance des lapins. Veillez toujours à ce que vos lapins disposent d'une quantité illimitée d'eau propre et fraîche. Les lapins prendront un poids quotidien moyen de 10 à 30 grammes selon l'alimentation, la race, l'état de santé et d'autres facteurs. Une source d'eau (abreuvoir) peut être partagée par 15 jeunes lapins. Les jeunes lapins en pleine croissance sont généralement nourris à l'ad libitum.donc illimité

CHAPITRE 5 :
L'ÉLEVAGE DE LAPINS

L'élevage de lapins est un exercice important lorsque vous élevez des lapins pour la viande. Lorsqu'il est bien fait, il devrait permettre d'atteindre un bon équilibre entre la santé du troupeau et la rentabilité. Les races de poids moyen, comme les femelles blanches de Nouvelle-Zélande et de Californie, seront prêtes à se reproduire à l'âge de 4 mois, tandis que les races lourdes, comme le géant flamand, seront prêtes à se reproduire à l'âge de 6 mois environ. Les lapins mâles mettent généralement plus de temps à être prêts à se reproduire, les races moyennes comme le lapin blanc de Nouvelle-Zélande étant prêtes à se reproduire à l'âge de six mois environ.

Certains éleveurs préfèrent retarder la reproduction pour les races moyennes jusqu'à l'âge de 6 à 8 mois pour les femelles. Votre expérience et vos préférences vous aideront à décider de ce que vous ferez. Toutefois, certains éleveurs de lapins affirment que les lapins sont élevés plus tôt, c'est-à-dire qu'à l'âge de 4 mois, ils ont des portées plus importantes que celles des races moyennes élevées à l'âge de 6 mois.

Un éleveur devra décider s'il veut conserver des races pures ou pratiquer des croisements. Les deux systèmes présentent des avantages et des inconvénients. Le maintien de races pures sera utile aux éleveurs qui vendent les lapins à des acheteurs qui les élèveront ensuite. Il sera important de montrer des lignées traçables avec des registres d'animaux appropriés afin que les acheteurs puissent élever des lapins aux caractéristiques connues.

L'Éleveur qui élève des lapins pour la viande peut tirer profit de la pratique des croisements, en combinant les caractéristiques souhaitables des différentes races pures. Il est possible d'élever des lapins à fort potentiel de croissance, comme les géants flamands et le Chinchilla, avec des lapins qui présentent de bonnes performances maternelles, une bonne tolérance à l'environnement de production et des portées de bonne taille.

Accouplement

Lorsque vous élevez vos lapins, la procédure consiste à emmener une biche dans la cage du mâle, idéalement tôt le matin ou en fin d'après-midi. Les deux lapins doivent être en bonne santé, la lapine devant peser au moins 2,5 kg et avoir environ 8 glandes lactiques. Évitez de reproduire des portées qui pourraient produire des caractéristiques faibles chez vos lapins. Si vous emmenez le mâle dans la cage des lapines, le mâle passera du temps à marquer le territoire et les lapins pourraient se battre. Lorsque vous introduisez la biche dans la cage du mâle, le mâle doit immédiatement monter sur la biche et lorsque l'accouplement est réussi, le mâle tombe et produit parfois un son caractéristique.

Si toutefois la lapine n'est pas prête pour l'accouplement, elle résistera et la procédure consiste à réessayer l'accouplement plus tard dans la journée ou le lendemain, et l'accouplement peut être réussi comme décrit ci-dessus. Il est recommandé que l'éleveur de lapins observe l'accouplement pour déterminer s'il a réussi ou non, puis qu'il laisse l'accouplement se produire environ trois fois et qu'il ramène ensuite la lapine dans sa cage. Certains éleveurs de lapins laissent la lapine pendant un jour ou deux dans la cage du mâle ; cependant, le défaut de cette procédure est que les lapins peuvent se battre.

Environ 10 à 12 heures après l'accouplement, l'ovulation se produit, ce qui est un événement important pour que la gestation ait lieu. Pour de nombreux animaux, l'ovulation a lieu à intervalles réguliers lorsque la femelle est en chaleur ou en oestrus. Le temps entre deux périodes d'oestrus est la durée du cycle d'oestrus. Les femelles qui n'ont pas de cycle d'oestrus avec des périodes de chaleur régulières pendant lesquelles l'ovulation se produit spontanément sont donc considérées comme étant en chaleur en permanence.

Les lapines ovulent après l'accouplement et n'ont pas de cycle de chaleur. Pendant la gestation, les lapines sécrètent de la progestérone qui inhibe l'oestrus. Par conséquent, si l'accouplement a lieu pendant la gestation, il n'aura généralement pas d'effet négatif sur le développement des embryons et il n'y aura pas deux grossesses qui se développeront en même temps. Il est toutefois important de noter qu'une lapine peut concevoir une deuxième portée jusqu'à 4 jours avant de donner naissance à la portée dont elle s'occupe actuellement [6].

Test de grossesse

La biche élevée avec succès donnera naissance à sa portée après environ 30 à 35 jours. Un exercice important consiste à vérifier la gestation après environ 10 à 14 jours suivant l'accouplement. Faire un test de grossesse aidera l'éleveur à se libérer de la frustration de devoir attendre 30 jours pour savoir si la biche était enceinte ou non. Pour faire le test de grossesse, vous devez sortir la biche de la cage et la placer sur une surface plane et avec la biche en position assise naturelle ; vous faites courir vos doigts (pouce et 1er doigt) le long de l'abdomen entre les pattes arrière.

Si le test est positif vers le 14e jour, il révèle de petites bosses ressemblant à des grains de raisin, qui sont les fœtus en développement, et qu'il faut distinguer des boulettes dures que vous sentez sur une femelle non gestante. Si le test de grossesse est

Si le test de grossesse est négatif, reproduisez immédiatement la biche, sinon vous devrez attendre 17 jours pour vous assurer qu'il n'y a pas de bébé à venir. Vous pouvez également emmener la biche dans la cage du mâle et certains d'entre eux montreront un comportement
agressif envers le mâle en signe de grossesse. Certaines femelles gestantes peuvent accepter de s'accoupler même lorsqu'elles sont enceintes ; l'accouplement n'est donc pas un bon signe pour vérifier la grossesse.

Fausse grossesse

Une fausse grossesse se produit lorsqu'un mâle tente de monter sur une biche ou qu'une biche monte sur une autre biche, comme on le voit chez les lapins qui vivent ensemble en colonie sans cage individuelle. Il y aura des changements hormonaux sans fécondation des œufs, ce qui entraînera une fausse gestation qui durera environ 15 à 18 jours. Pendant cette période, une biche ne peut pas concevoir et à la fin de la fausse gestation, la biche arrachera sa fourrure de son abdomen pour préparer un nid mais elle ne donnera pas naissance à une portée. Rééduquer la biche après le 20e jour et si une biche a 2 ou 3 fausses grossesses, éliminez-la du troupeau.

Préparation de la portée

Outre un test de palpation de grossesse positif, votre lapine enceinte aura de longues périodes de repos et augmentera son poids de manière significative par rapport aux autres lapines non enceintes. Les glandes lactiques d'une lapine enceinte se développent également de manière significative. Mettez un nichoir dans sa cage avec du foin ou des journaux déchiquetés le 28e jour ou plus tôt afin qu'elle puisse s'y familiariser. La biche donnera naissance à sa portée assez souvent aux premières heures de la journée après avoir préparé le nid avec du foin et de la fourrure de son corps.

Inspectez la portée et retirez immédiatement tout bébé mort. Vérifiez la taille de la portée et inscrivez-la dans votre registre des animaux. Je préfère inspecter la portée après avoir retiré la biche de sa cage. Les jeunes lapins sont nés avec un poids d'environ 45 grammes, sans poils et aveugles. Leurs yeux s'ouvriront vers le 7e ou le 10e jour. Ne manipulez pas la portée à mains nues ; je préfère utiliser du plastique si je dois manipuler la portée de quelque manière que ce soit. Certains éleveurs manipulent la portée à mains nues, mais j'ai perdu de jeunes lapins à cause de cela.

Veillez à ce que les jeunes lapines soient bien nourries et donnez à la lapine en lactation plus de nourriture qu'elle n'en reçoit normalement lorsqu'elle est en repos sexuel. Les bébés bien nourris auront un ventre bien rond. Donnez à la lapine de l'eau fraîche et propre ainsi que des légumes. Si la biche ne nourrit pas sa portée, vous devrez lui donner le biberon, le donner à un parent d'accueil ou l'aider en la tenant dans ses bras et en lui apportant la portée pour la nourrir. Une biche nourrit normalement sa portée une fois par jour pendant environ 5 minutes. Le lait de vache est un bon aliment de remplacement si la mère ne nourrit pas ses petits.

Un nichoir avec la litière, préparé avec du foin et de la fourrure

L'accueil des enfants

Normalement, une biche donne naissance à 1-20 petits. Dans les cas où une lapine peut donner naissance à plusieurs petits, par exemple 15, elle peut ne pas être en mesure de s'occuper correctement de ses petits jusqu'au sevrage. Il peut également arriver qu'une lapine meurt juste après avoir donné naissance, dans les deux cas de figure ci-dessus, il faut envisager une famille d'accueil. Pour qu'une famille d'accueil soit efficace, le parent nourricier et le parent donneur doivent idéalement avoir été élevés le même jour et avoir donné naissance le même jour ou dans les 4 jours.

La procédure consiste à retirer les parents d'accueil et les parents donneurs de leurs cages et à les mettre dans des cages séparées avec quelques friandises. Prenez les jeunes lapins avec des mains protégées et placez-les dans le nichoir d'accueil. Ne mettez pas plus de deux lapins et ne dérangez pas trop les deux nichoirs. Les jeunes lapins doivent être placés en famille d'accueil avant le sixième jour et la famille d'accueil doit disposer d'un total d'environ 8 petits. Remettez le donneur et les parents d'accueil dans leurs cages et donnez-leur encore quelques friandises. Les mères blanches néo-zélandaises sont d'excellentes familles d'accueil et peuvent facilement s'occuper de 9 kits au maximum.

Cannibalisme

Habituellement, la biche ne mange que les lapins déjà morts, souvent quelques heures seulement après avoir mis bas. Une mauvaise conception du nichoir peut entraîner le piétinement des jeunes lapins. Ce phénomène est plus fréquent lors de la première portée et peut ne pas avoir de cause apparente, mais de nombreuses raisons ont été citées comme causes possibles de cannibalisme. Une alimentation déséquilibrée ou mauvaise, le manque d'eau peuvent et les bruits inhabituels des chiens ou des personnes peuvent conduire au cannibalisme.

Un nichoir peu profond ou le fait de déranger le nichoir peut conduire au cannibalisme. Les raisons qui font que la biche ne se sent pas en sécurité sont des causes potentielles de cannibalisme. Si le cannibalisme se produit deux ou trois fois avec la même biche, éliminez-la du troupeau.

Le Sevrage

De nombreux éleveurs sèvrent leurs jeunes lapins lorsqu'ils atteignent l'âge d'un mois. À ce stade, les jeunes lapins peuvent se nourrir seuls et pèsent environ 300 grammes. Enlevez les lapins de la biche et séparez les femelles des mâles à environ 10 semaines, ceci est utile pour éviter la consanguinité et les combats.

Certains éleveurs préfèrent séparer les lapins femelles et

mâles immédiatement après le sevrage, mais j'ai remarqué que c'est un exercice difficile à faire à 4 semaines, par rapport à la détermination du sexe à l'âge de 10 semaines environ. Pour déterminer le sexe du lapin, le lapin est tenu sur le dos sur une surface plane et la peau de chaque côté des organes génitaux est doucement pressée tout en repoussant la peau. La lapine montre la vulve qui est une ouverture ovale et le mâle montre le pénis comme un tube arrondi.

La Reproduction

L'éleveur de lapins doit décider du calendrier de reproduction en gardant à l'esprit que cela aura une grande incidence sur la production de la lapinerie. Si vous reproduisez votre lapine à 14 jours après l'accouchement, vous aurez environ 8 portées par an et si vous reproduisez votre lapine après 21 jours, vous aurez 7 portées par an. Ces deux programmes sont rentables par rapport à l'attente plus longue avant la reproduction. Certains éleveurs pratiquent la reproduction après 28 ou 42 jours, ce qui permet à leurs animaux de se reposer. Ces programmes d'élevage donneront à l'éleveur respectivement 6 et 5 portées.

Il est conseillé d'élever plus d'une lapine par jour, de sorte que si un besoin d'accueil se fait sentir, l'éleveur de lapins est mieux préparé. Certains éleveurs affirment que si vous utilisez le même mâle avec plusieurs femelles en une journée, la taille de vos portées peut diminuer. Une alimentation bien équilibrée et des vitamines supplémentaires aideront dans les programmes d'élevage intensif. Il est recommandé d'avoir un ratio de dix portées par mâle. Une biche peut perdre toute sa portée à la suite d'un embrasement pour des raisons telles que le cannibalisme ou l'abandon de la portée. Ré accoupler la biche environ 3 jours plus tard et si elle perd toute sa portée plusieurs jours après l'accouchement, ré accoupler la biche immédiatement.

Le Remplacement des reproductrices

En général, un mâle et une femelle restent rentables pendant deux ans avec une alimentation bien équilibrée et une bonne gestion ; cependant, la productivité de la femelle ou du mâle est plus importante que l'âge des lapins. En fonction du nombre de lapins que vous élevez, gardez une biche de remplacement pour 10 lapins en production.

Les bonnes lapines de remplacement sont celles qui ont un poids vif élevé et proviennent des plus grandes portées. Ces informations peuvent être obtenues dans votre registre des animaux. Les lapins qui gagnent rapidement du poids seront de bons sujets de remplacement. La taille des portées augmente à partir du premier, du deuxième et du troisième accouplement et peut diminuer après le quatrième accouchement . La consanguinité et l'utilisation trop fréquente du mâle réduiront la taille des portées.

CHAPITRE 6 : LA SANTÉ DES LAPINS

Il est toujours plus sage, plus efficace et plus économique de prévenir les maladies que de les traiter. Cependant, les propriétaires de lapins de compagnie et les éleveurs de lapins à viande doivent être prêts à identifier les maladies et à les traiter. L'avantage des maladies du lapin est que la plupart d'entre elles sont évitables. Un régime alimentaire équilibré, des installations d'hébergement bien planifiées et une gestion méticuleuse contribueront grandement à prévenir les maladies du lapin.

Un bon moyen de savoir ce qui est anormal est de bien comprendre ce qui est normal. Un lapin en bonne santé est alerte et enjoué et s'intéresse vivement à son environnement. Si un enfant crie près de vos lapins, ses oreilles et ses yeux vous montreront à quel point ils sont alertes. Un lapin en bonne santé a un nez propre et sec, sans éternuement ni écoulement. Des yeux brillants sans écoulement sont des signes de bonne santé. Les oreilles d'un lapin en bonne santé sont propres, sans cire, sans saleté et sans acariens. Le pelage du lapin en bonne santé est propre, attrayant et bien toiletté.

Les pattes du lapin doivent être exemptes de plaies et une démarche normale est un signe de bonne santé. Un lapin en bonne santé a un bon appétit, en mangeant approximativement la même quantité de nourriture par jour. L'observation des fientes de lapin est d'une importance capitale, normalement les lapins excrètent des fèces qui sont rondes, uniformes et largement composées de foin et aussi de caecotrophes, de petites boulettes molles qui sont plus foncées et humides. Un écart par rapport aux apparences et aux comportements sains décrits plus haut peut être un signe de l'apparition d'une maladie et doit être examiné.

Les maladies des lapins sont presque toujours le résultat d'une mauvaise gestion, d'un environnement médiocre et d'une attaque par des agents pathogènes, c'est-à-dire des bactéries, des virus et des parasites. L'environnement est ce qui entoure le lapin, c'est-à-dire les cages, la nourriture et de nombreux autres facteurs tels que la contamination microbienne. Les lapins ont des défenses naturelles, mais lorsque les facteurs environnementaux dépassent ces défenses naturelles, des maladies se déclarent. Ceci est particulièrement important lorsque vous élevez une grande population de lapins.

Les microbes sont une forme d'attaque inévitable dans tous les élevages de lapins et deviennent pathogènes lorsque leur population atteint un seuil élevé et continu dans l'air, les cages et les mangeoires. Lorsque la ventilation est mauvaise et que les cages ne permettent pas le passage libre des fientes hors des cages, la contamination microbienne augmente. Il
est conseillé de ne garder que le nombre d'animaux qui peuvent être bien gérés et nourris.

Il s'ensuit qu'un petit lapin bien géré sera plus productif qu'un grand lapin mal géré. Un nettoyage préventif quotidien ou fréquent permettra de réduire les niveaux de contamination et de pollution, et donc de maintenir la productivité des lapins. Parfois, un lapin devra être nettoyé et désinfecté à un niveau sûr.
[1]
Lorsque vous soupçonnez l'apparition d'une maladie chez vos lapins, isolez les lapins malades et traitez-les le plus tôt possible ou faites appel aux services vétérinaires. Les lapins cachent les signes de maladie afin de ne pas paraître faibles et vulnérables aux prédateurs. Au moment où vous voyez des signes évidents tels qu'une apathie sévère, il peut être trop tard et vous risquez de

perdre vos lapins. Soyez attentifs aux signes tels que la consommation de nourriture et agissez rapidement.

Une discussion exhaustive de toutes les maladies du lapin nécessiterait un livre beaucoup plus long, donc seules les maladies courantes du lapin seront abordées. pic

Un lapin en bonne santé, a des yeux brillants, un pelage propre et alerte

Un lapin malade à la fourrure ébouriffée, sale et terne
Coccidiose (intestinale)

La coccidiose est une maladie causée par un parasite et est mortelle si elle n'est pas traitée. Toutes les unités de production de lapins ont des parasites coccidiens et tous les lapins sont porteurs de parasites coccidiens. Ce n'est donc pas seulement la présence de parasites qui conduit à la maladie mais aussi des conditions de stress qui encouragent le développement de la maladie [1].

Le transport, le bruit, les extrêmes de chaleur et de froid, un changement d'environnement, un changement d'alimentation, une contamination microbienne élevée, une infection respiratoire et le sevrage sont quelques-uns des stress qui réduisent la résistance du lapin au développement de maladies. Le surpeuplement stressera vos lapins et contribuera également à la propagation de la maladie à d'autres lapins en bonne santé.

Bien que tous les lapins soient sensibles à cette maladie, la coccidiose est rare chez les lapins adultes et les jeunes lapins avant le sevrage. Les jeunes lapins qui ont été récemment sevrés sont plus exposés au risque de coccidiose, mais une insuffisance de lait et une mauvaise hygiène entraîneront également une coccidiose chez les jeunes lapins avant le sevrage. La diarrhée, la perte de poids, une faible consommation d'aliments et d'eau et finalement la mort sont les signes courants de la coccidiose. La diarrhée apparaît entre le 4e et le 6e jour après l'infestation, entraînant une déshydratation qui se manifeste par des plis cutanés.

La croissance diminue et la perte de poids s'ensuit, la mort survenant environ le 9e jour après l'infestation. Des crottes aqueuses autour de la queue et sur la fourrure du lapin sont un signe pour l'éleveur qu'une action urgente est nécessaire. Une fourrure ébouriffée et terne devrait alerter l'éleveur de lapins pour qu'il fasse des observations importantes sur les lapins.

Un lapin atteint de coccidiose et présentant des signes de diarrhée sur la queue

Traitement

L'hygiène préventive est le facteur le plus important dans la lutte contre la coccidiose. Certains producteurs commerciaux de granulés pour lapins produisent des aliments granulés contenant des médicaments anticoccidiens tels que les nitrofuranes.

De petites doses de sulfamides administrées aux jeunes lapins au sevrage pendant 8 à 10 jours constituent une bonne mesure préventive. La meilleure façon de commencer à traiter la coccidiose est de s'occuper d'abord des facteurs environnementaux. Isoler les animaux malades et faire appel aux services vétérinaires, les médicaments sulfamides tels que la sulphachloropyrazine ont montré une grande efficacité. Environ 0,5 à 0,7 gramme par litre de sulfamides dans l'eau de boisson est curatif, tandis que 0,25 gramme par litre de sulfamides dans l'eau est préventif. La sulfadiméthoxine a également une activité bactériostatique sur la pasteurellose et s'est révélée efficace chez les femmes enceintes ou allaitantes.

Le traitement est administré pendant 4-5 jours consécutifs, puis une période de repos d'environ 1 jour suivie de 4-5 jours de traitement actif. Je recommande de suspendre l'alimentation à base de fourrage et de donner des aliments secs tels que des granulés, ce qui encourage les lapins malades à boire l'eau traitée. Administrer des médicaments préventifs, comme indiqué précédemment, à d'autres lapins lorsque vous constatez qu'un de vos lapins est atteint de coccidiose. Il est important de noter que les antibiotiques ne traitent pas la coccidiose mais peuvent aider à traiter les surinfections bactériennes secondaires.

Esb3 avec 30% de sulpha-chloropyrazine

Entérite bactérienne

L'entérite bactérienne est une infection causée par des bactéries telles que le clostridium et l'E coli, qui est également mortelle si elle n'est pas traitée. Les facteurs de causalité et la présentation sont étroitement liés à la coccidiose. Les facteurs de stress chez les jeunes lapins entraînent des troubles intestinaux qui se traduisent par la prolifération d'agents pathogènes nocifs. Une faible consommation d'aliments et d'eau, la diarrhée et de fortes douleurs intestinales sont des signes courants. Les tétracyclines telles que la chlortétracycline et l'oxytétracycline peuvent être efficaces si le traitement est commencé dès les premiers signes de maladie.

Trop souvent, le traitement de cette maladie est tardif et

la mortalité est élevée. Certains éleveurs de lapins donnent des doses prophylactiques de tétracyclines pour réduire le risque que leurs lapins contractent cette maladie. Bien que cela fonctionne sûrement, cela augmente les chances de résistance aux médicaments. L'utilisation de vinaigre de cidre de pomme peut être utile pour prévenir cette maladie.

La Pasteurellose (Reniflement)

La pasteurellose est une infection bactérienne affectant le système respiratoire. La poussière dans l'air ou dans les aliments, les gaz ammoniacaux provenant des déchets en décomposition et les changements de température de l'air, associés à l'agent pathogène Pasteurella multocida, provoquent la pasteurellose. Toutes les unités de production de lapins sont contaminées par la Pasteurella et tous les lapins sont porteurs de la Pasteurella [1]. . La pasteurella se transmet par les abreuvoirs et les mangeoires contaminés, ou par contact direct avec un lapin infecté, comme c'est le cas avec une biche infectée et sa portée.

Cette maladie est plus fréquente chez les lapins adultes et se présente sous la forme d'un écoulement nasal clair et d'éternuements. L'écoulement nasal devient alors jaunâtre avec du pus et le lapin se met à tousser. La croissance des jeunes lapins est lente.

Les mesures préventives telles qu'une bonne hygiène et la prise en compte de facteurs tels que la gestion des déchets sont les plus importantes dans la gestion des maladies du lapin. Isolez les lapins malades et faites appel à des services vétérinaires professionnels. L'enrofloxacine administrée sous forme d'injection à raison de 5 mg/kg de poids corporel, deux fois par jour pendant deux semaines, est efficace. Elle peut également être administrée par voie orale à raison de 10 mg/kg par jour ou dans l'eau de boisson à raison de 50-100 mg par portée.

Enrofloxacine 2,5

Dermatite / Acariens

La dermatite est une maladie causée par des parasites. Cette affection est courante dans les lapineries mal gérées et résulte souvent de mauvaises conditions environnementales. Les lésions cutanées commencent au bord des lèvres, des narines et des yeux, puis s'étendent à la tête et aux pattes avant, car le lapin se frotte fréquemment la tête. La peau sèche, les poils tombent et la peau devient squameuse et croûteuse.

Corrigez tous les facteurs prédisposants et consultez le vétérinaire le plus proche de chez vous. L'ivermectine est très efficace. Donnez environ 0,2-0,4mg (200-400mcg) par kilogramme de poids corporel par voie sous-cutanée à l'aide d'une seringue de 1ml. Nettoyez l'environnement après le traitement car des acariens peuvent être présents dans les cages. Traitez les lapins atteints en même temps. Une dose d'ivermectine est efficace mais certains éleveurs donnent deux doses espacées de deux semaines.

Un lapin atteint de dermatite

Ivermectine 1%

Jambes douloureuse

Dans cet état, vous verrez des ulcères sur les pattes de vos lapins. La démarche devient anormale, des saignements et du pus peuvent également être constatés. Les fils métalliques tranchants sur le sol de la cage ainsi qu'une mauvaise hygiène sont importants dans le développement de cette condition. Les races de poids moyen s'en sortent mieux sur les sols grillagés que les races de poids lourd. Le traitement est principalement préventif. Fixez les fils coupants et utilisez des fils galvanisés épais. Les mâles atteints de formes graves de la maladie peuvent ne pas être capables de s'accoupler. Abattez les animaux gravement atteints.

Mastite

La mammite est une infection bactérienne affectant les biches en lactation et est fréquente dans les unités qui utilisent des sols en grillage métallique. La lapine atteinte présente des glandes mammaires (lait) enflées, de couleur rouge et douloureuses au toucher. Les jeunes lapins peuvent mourir de faim et de maladie à cause d'un manque de lait. N'adoptez pas de jeunes lapins, car il y a un risque de transmission de l'infection au parent nourricier. Réparez les grillages métalliques qui peuvent causer des traumatismes aux lapins. L'application locale d'astringents comme le vinaigre deux fois par jour aidera à soulager la congestion. Les antibiotiques donnés pendant trois jours sont efficaces, si les problèmes persistent, il faut abattre les animaux atteints.

Conjonctivite (œil larmoyant)

La conjonctivite est une infection bactérienne des paupières ; la poussière, les vapeurs et la fumée contribuent au développement de cette affection. Un lapin atteint de pasteurellose peut transmettre des bactéries infectieuses à l'œil. Les lapins atteints présentent une inflammation des paupières et un écoulement des yeux. La fourrure autour des yeux devient humide et s'accouple parce que le lapin se frotte les yeux avec les pattes avant. Le traitement consiste à éliminer les irritants et à faire appel à des services vétérinaires professionnels. Une pommade antibactérienne pour les yeux est utile. Si le lapin est également atteint de pasteurellose, traitez-le également.

Dents trop grandes (dents de lapin)

Il s'agit d'un problème dentaire où les incisives supérieures et inférieures ne se touchent pas. Les dents poussent trop vite par manque d'usure. L'affection peut être héréditaire ou environnementale, ou une combinaison des deux. Les traumatismes dentaires peuvent jouer un rôle important dans le développement de cette affection. Si cette condition n'est pas traitée, le lapin sera incapable de manger. Le traitement consiste à couper les dents avec des pinces jusqu'à ce qu'elles puissent s'aligner correctement.

Recommandations générales

Il existe de nombreuses autres conditions, telles que les conditions de reproduction et les maladies virales comme la myxomatose et le calicivirus, qui ne peuvent pas être entièrement couvertes dans ce livre. Si un lapin a besoin d'un traitement trop souvent, éliminez-le de votre troupeau. Lorsque vous traitez vos animaux malades, évitez de mélanger vos médicaments avec de la nourriture, car la consommation de nourriture sera réduite et il se peut même qu'ils ne mangent pas la nourriture. Évitez de surpeupler vos animaux et mettez tout en œuvre pour prendre des mesures préventives.

Lorsque vous traitez vos lapins avec des médicaments, respectez le délai d'attente avant de les abattre afin que les résidus de médicaments soient éliminés dans l'organisme de l'animal. Achetez des lapins qui résistent aux maladies et qui ont une alimentation nutritive. Réduisez ou éliminez tout stress et veillez à ce que votre installation soit propre. Des conditions stressantes ralentissent la vidange gastrique, ce qui entraîne une prolifération d'agents pathogènes nocifs et donc l'apparition de maladies.

Lorsque vous achetez des lapins pour compléter votre troupeau existant, mettez-les en quarantaine et observez-les d'abord avant de les mélanger à votre troupeau sain. Lorsque vous administrez des médicaments à votre lapin

une seringue à insuline de 1 ml provoquera ou induira peu de gêne lors des injections et permettra de limiter le surdosage des lapins. Une seringue de 5 ou 10 ml sera également utile pour administrer des médicaments par voie orale.

Seringue à insuline jetable de 1 ml

CHAPITRE 7 : TENUE DE REGISTRES

Tous les éleveurs de lapins doivent tenir de bons registres précis et fiables. Cela est très utile pour l'éleveur afin d'évaluer si son élevage est réussi ou non. Les registres importants que les éleveurs de lapins peuvent tenir sont les registres des animaux et les registres financiers. Les registres disponibles doivent être évalués pour vérifier la productivité. Les acheteurs apprécieront grandement un éleveur dont les registres sont bien tenus. L'inscription de l'encoche dans l'oreille du lapin et le tatouage sont importants pour identifier vos animaux.

Registres des animaux

Registre De La lapine

1. Nom de la biche ou numéro de cage.

2. Jour d'accouplement.

3. Buck utilisé.

4. Résultat d'un test de grossesse par palpation abdominale.

5. Date d'embrasement.

6. Le nombre de kits nés vivants et morts.

7. Date et nombre de kits sevrés.

8. Le poids des portées sevrées.

9. La date de reproduction.

Registre du mâle

1. Le poids des dollars.

2. Le nombre d'articles entretenus.

3. La date de la révision.

4. Le résultat de la palpation abdominale des animaux soignés.
5. Le nombre de kits vivants et mort-nés.

6. La prise de poids des portées en croissance.

Registre de santé
1. Nom du lapin/ numéro de la cage de quarantaine.
2. Date à laquelle les symptômes ont été constatés.
3. Médicaments ou intervention administrés.
4. Nombre de jours pendant lesquels les médicaments ont été administrés. 5. Date à laquelle l'animal est mort/ abattu/ libéré de la quarantaine.

Carte de la portée
1. Date de naissance de la portée.
2. Numéro du jeune lapin.
3. Poids au sevrage.
4. Poids avant abattage et date de prise de poids.

Évaluation de la production

De bons registres permettent à l'éleveur d'évaluer les performances des males adultes, des lapines et des portées afin de choisir les animaux les plus performants et d'améliorer ainsi le potentiel génétique.

1. Le nombre moyen de portées par biche par an (devrait

être supérieur à 7). 2. La taille moyenne de la portée à la naissance (devrait être supérieure à 5). 3. La mortalité moyenne des portées (devrait être inférieure à 20 %). 4. La taille moyenne de la portée au sevrage (doit être supérieure à 4). 5. Le poids moyen d'une lapine à 12 semaines (doit être supérieur à 2 kg). 6. Le taux de conception en pourcentage (doit être supérieur à 90 %). 7. Pourcentage d'habillage, y compris le foie et les reins (devrait être d'environ 55-60%).

8. Taux de conversion alimentaire (3,5 kg d'aliments pour produire 1 kg de poids vif) [7].

Registre financier

Le dossier financier évalue si votre lapinerie est rentable ou non. Il enregistre toutes les dépenses et tous les revenus de votre lapin. La différence entre les recettes et les dépenses sera le bénéfice ou la perte de votre lapin. Les dépenses typiques sont :

1. Les dépenses d'alimentation.
2. Les frais vétérinaires.
3. Les consommables.
4. Gestion des déchets.
5. Réparations et entretien.
6. Frais de licence.
7. Main-d'œuvre
8. Marketing

Revenu

1. Vente de lapins et de produits connexes tels que le fumier, les peaux et la fourrure. 2. Les lapins que vous mangez et que vous donnez à votre famille ou à vos amis.

CHAPITRE 8 : TRANSFORMATION DES LAPINS

Le meilleur âge d'abattage des lapins est déterminé par la demande du marché, le système de production, le type d'aliments utilisés et les préférences des éleveurs. Les lapins qui reçoivent une alimentation équilibrée peuvent atteindre un poids vif d'environ 2,0 kg en 12 semaines environ. Une mauvaise alimentation augmente le temps nécessaire à vos lapins pour atteindre le poids du marché. Pendant la croissance du lapin, les os se développent en premier, suivis des muscles, puis de la graisse en dernier. Il est donc recommandé d'abattre les lapins à environ 50-60% du poids normal d'un adulte de cette race. Cela permettra de produire de la viande maigre.

Manipulation et abattage d'un lapin

Lorsque vous manipulez un lapin, pour quelque raison que ce soit, il est généralement recommandé de tenir la peau derrière les oreilles entre les pattes avant sur son dos. Les pattes arrière et le corps peuvent être soutenus par votre avant-bras. Évitez de soutenir tout le poids du lapin avec la peau. Ne jetez pas un lapin dans sa cage ou ne le manipulez pas avec beaucoup de force lorsqu'il tente de s'échapper, car cela pourrait lui briser la colonne vertébrale, qui est très fragile.

Lorsque vous tuez un lapin, il faut le faire rapidement et

avec un minimum de traumatisme. Coupez la gorge et enlevez la tête, puis suspendez l'animal pour qu'il puisse saigner. Enlevez les pattes, la queue et la peau. Retirez les organes internes et lavez la carcasse. La carcasse peut ensuite être emballée et conservée et la peau du lapin peut être tannée.

Étourdissement

Certains éleveurs préfèrent étourdir le lapin. Cette procédure consiste à rendre le lapin inconscient en le tenant la tête en bas. La zone située à la base des oreilles, à l'arrière de la tête, est frappée avec un morceau de bois ou de métal. Le lapin sera ensuite traité comme décrit précédemment. Certains éleveurs humidifient la fourrure du lapin pour qu'elle ne colle pas facilement à la carcasse.

CHAPITRE 9 : RECOMMANDATIONS AUX PROPRIÉTAIRES DE LAPINS DE COMPAGNIE

Les lapins sont des animaux mignons, propres et adorables. De nombreux propriétaires de lapins de compagnie affirment que les lapins ont un effet calmant et certains propriétaires disent même avoir perdu du poids après avoir possédé des lapins. Cela pourrait être dû au fait que le régime alimentaire des lapins est composé de légumes qui influencent leur santé.

. Il est important de noter que les lapins de compagnie peuvent vivre pendant environ 10 à 15 ans ; par conséquent, posséder un lapin est un engagement important.

Les lapins de compagnie doivent être logés dans une cage bien aérée et très spacieuse afin que le lapin puisse faire de l'exercice. L'intégration de zones où le lapin de compagnie peut se cacher l'aidera à se retirer dans un tel endroit lorsqu'il se sent menacé. Les lapins sont des animaux sociaux, c'est pourquoi il est préférable d'avoir deux lapins. Permettez à vos lapins de sortir de la cage et de se promener sans être enfermés dans la cage.

Le régime alimentaire des lapins de compagnie doit se

composer de quelques granulés, de légumes et de foin à volonté. Des jouets sûrs pour les lapins, qu'ils peuvent mâchouiller, limiteront la croissance excessive de leurs dents et limiteront également les dégâts qu'ils peuvent causer dans la maison. Les jouets pourraient être de simples blocs de bois.

Protégez les câbles de votre maison, car les lapins peuvent tout mâcher. Les lapins peuvent être dressés à la litière et le matériel de litière sans danger pour les lapins doit être considéré comme l'un des coûts d'entretien. La coupe de leurs ongles d'orteils et les contrôles de santé sont également des procédures d'entretien importantes. Le fait d'avoir des races plus petites comme les hollandais réduira vos coûts d'alimentation.

Un lapin de compagnie qui a été socialisé et manipulé dès sa naissance sera un très bon animal de compagnie, car les lapins étant des proies, il est généralement mal à l'aise lorsque vous les manipulez. Laissez votre relation se développer lentement si vous pouvez laisser votre lapin venir à vous en premier, ce serait formidable. En général, les lapins stérilisés ou castrés font de meilleurs animaux de compagnie et vivent plus longtemps que ceux qui n'ont pas été stérilisés par une intervention chirurgicale.

Glossaire des termes clés

Adlibitum : à volonté (alimentation illimitée).

Luzerne : plante légumineuse utilisée pour nourrir le bétail.

Bactérie : organisme pathogène.

Daim : lapin mâle adulte.

Carcasse : le corps d'un animal après l'habillage.

Colonie : un groupe de lapins.

Coprophagie : processus par lequel un lapin mange les crottes molles produites dans le gros intestin pour recycler les nutriments.

Abattage : retrait des animaux peu performants du troupeau.

Maladie : mauvaise santé.

Lapine : lapin adulte femelle.

Matière sèche : matière restante (par exemple dans les aliments) après élimination de l'eau.

Aliments pour animaux : aliments donnés aux animaux.

Fourrage : grains germés.

Fœtus : animal en développement avant la naissance.

Fourrage : matière comestible verte provenant de plantes et d'herbes.

Accueil : le fait de confier un jeune animal à une autre mère pour qu'elle en prenne soin.

Friteuse : lapin ayant atteint le poids de boucherie.

Fourrure : poil qui pousse sur le corps de l'animal.

Herbivore : animal qui mange de l'herbe.

Clapier : maison construite pour les lapins, généralement en treillis métallique.

Infestation : invasion par des parasites ou des ravageurs.

Lactation : processus par lequel les femelles produisent du lait pour nourrir leurs petits.

Embrasement : processus par lequel une lapine met bas.

Kit : un jeune lapin.

Litière : un certain nombre de jeunes lapins nés d'une biche à la fois.

Accouplement : sexe entre un mâle et une femelle.

Mortalité : un certain nombre de morts d'animaux.

Monter : acte par lequel un animal se met sur le dos de la femelle pour s'accoupler. Neutralisation : stérilisation d'un animal mâle par ablation de ses testicules.

Nutrition : l'apport alimentaire, considéré en relation avec les besoins alimentaires du corps.

Ovulation : processus par lequel une femelle produit des œufs.

Parasite : organisme pathogène vivant dans ou sur son hôte.

Stérilisation : castration d'un animal femelle par l'ablation de son système reproducteur (ovaires et utérus).

Étourdissement : rendre un animal inconscient en le tenant la tête en bas, les pieds en haut et la tête en bas.

Tannage : processus de transformation de la peau d'un animal en cuir. Sevrage : retrait de l'approvisionnement en lait maternel des petits allaités.

Références et ressources supplémentaires

1 The Rabbit - Husbandry, Health and Production, un livre en ligne publié par la FAO, Organisation des Nations unies pour l'alimentation et l'agriculture. http://www.fao.org/docrep/t1690e/t1690e00.HTM

2 https://riseandshinerabbitry.com/tag/rabbit-manure/

3 https://en.wikipedia.org/wiki/List_of_rabbit_breeds

4 https://www.foddersolutions.com.au/nutrition/

5 https://rabbitwelfare.co.uk/rabbit-diet/poisonous-plants-rabbits/

6 https://farmfreshforlife.com/can-a-female-rabbit-get-pregnant-while-she-is-pregnant/

7 https://en.wikipedia.org/wiki/Feed_conversion_ratio

8 https://attra.ncat.org/attra-pub/viewhtml.php?id=424

prenez plaisir avec la cuniculture

Printed in France by Amazon
Brétigny-sur-Orge, FR